ROMEON
VERLAG

Mit Herz! Das Leben des Adolph Kolpings und sein Werk
1. Auflage, erschienen 6-2020

Umschlaggestaltung: Romeon Verlag
Text: Ambros Eiletz
Illustrationen: Anja Kraus

ISBN: 978-3-96229-164-8

www.romeon-verlag.de

Bibliografische Information der Deutschen Nationalbibliothek:
Die Deutsche Nationalbibliothek verzeichnet diese Publikation in der Deutschen Nationalbibliografie; detaillierte bibliografische Daten sind im Internet über *http://dnb.dnb.de* abrufbar.

Mit

Herz!

Das Leben Adolph Kolpings und sein Werk.

Ich heiße Adolph Kolping.
In Kerpen bei Köln ist meine Heimat.
Dort bin ich am 8. Dezember 1813 geboren.

Ich habe drei ältere Geschwister und ein jüngeres Geschwisterchen.
Mein Vater, Peter Kolping, ist Schäfer.
Er arbeitet auf dem Gutshof von Johann Gottfried Meller.
Er besitzt ein paar eigene Felder.
Meine Mutter heißt Anna Maria. Ihr Geburtsname ist Zurheyden.

Ich fühle mich in meiner Familie geborgen
und deshalb „reich".

In meiner Familie fühle ich mich geborgen.

Meine Geschwister: Wilhelm *1807 Magret *1809 Anna Katharina *1811 Anna Maria *1817 (starb mit 1 ½ Jahren)

Sechs Jahre besuche ich die Volksschule in Kerpen.
Die Schule steht in der Nähe der Pfarrkirche St. Martin.

Mein Lehrer heißt Jakob Wilhelm Statz.

Nicht alle Kinder dürfen zur Schule gehen.
Viele müssen zu Hause arbeiten.
Ich bin oft krank und darum darf ich zum Unterricht.
Am liebsten lese ich.
Sogar die eigenen Bücher des Lehrers darf ich lesen.
Ich spiele mit seinen Kindern.
Ich darf in sein Haus kommen, wann immer ich will.

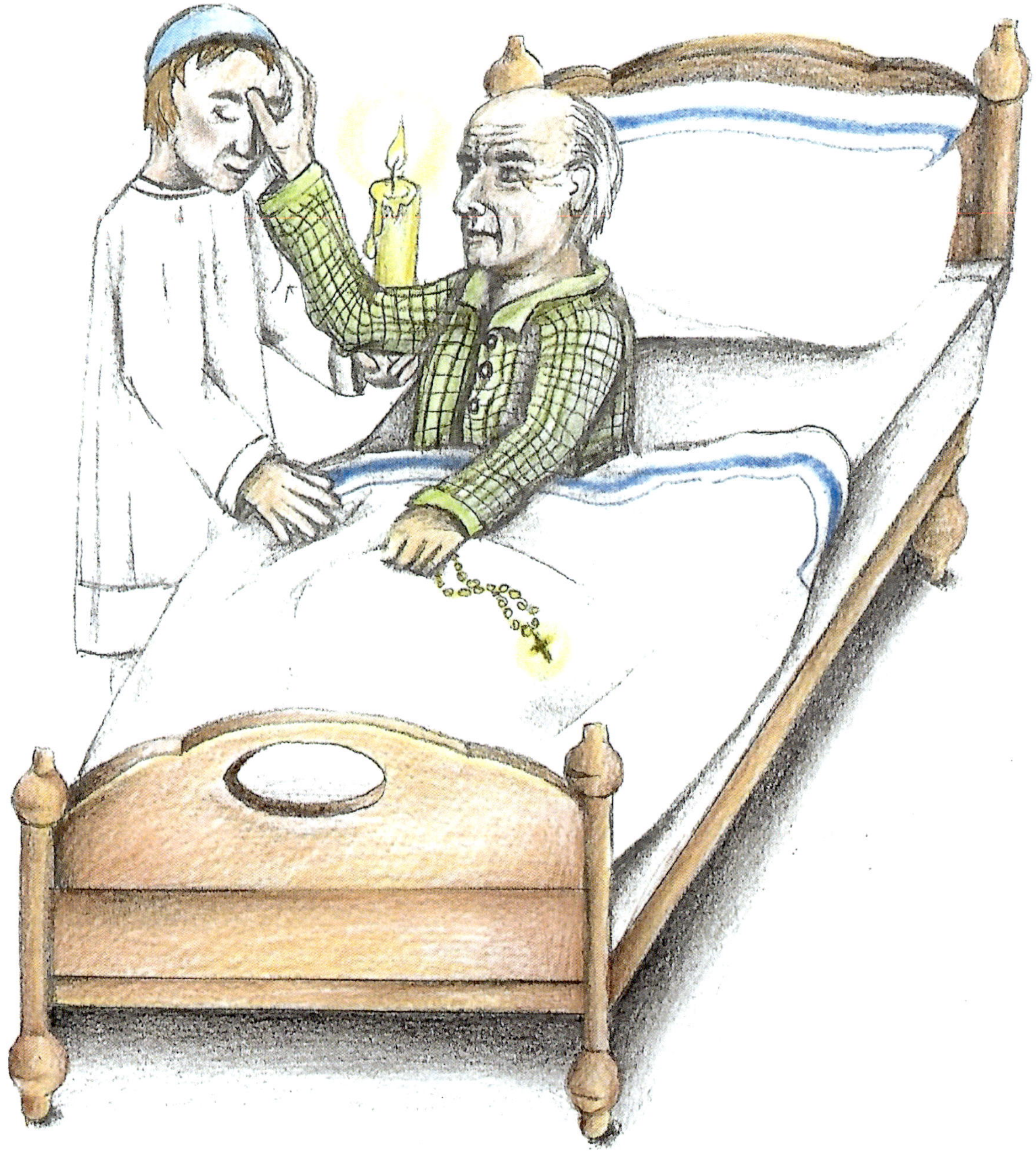

So könnte es gewesen sein!

Mit 13 Jahren beginne ich das Schuhmacher-Handwerk zu lernen.
Das wünschten meine Eltern.
Eigentlich will ich lieber weiter in eine höhere Schule gehen.
Die Eltern können das Geld für eine höhere Schule aber nicht bezahlen.

Also lerne ich bei Meister Peter Joseph Meuser drei Jahre lang das Schuhmacher-Handwerk.

Meine ersten Stiefel, die ich zum Namenstag für meinen Vater gemacht habe,
sind zu klein.
Ich muss die neuen Stiefel aufschneiden, damit mein Vater herausschlüpfen kann.

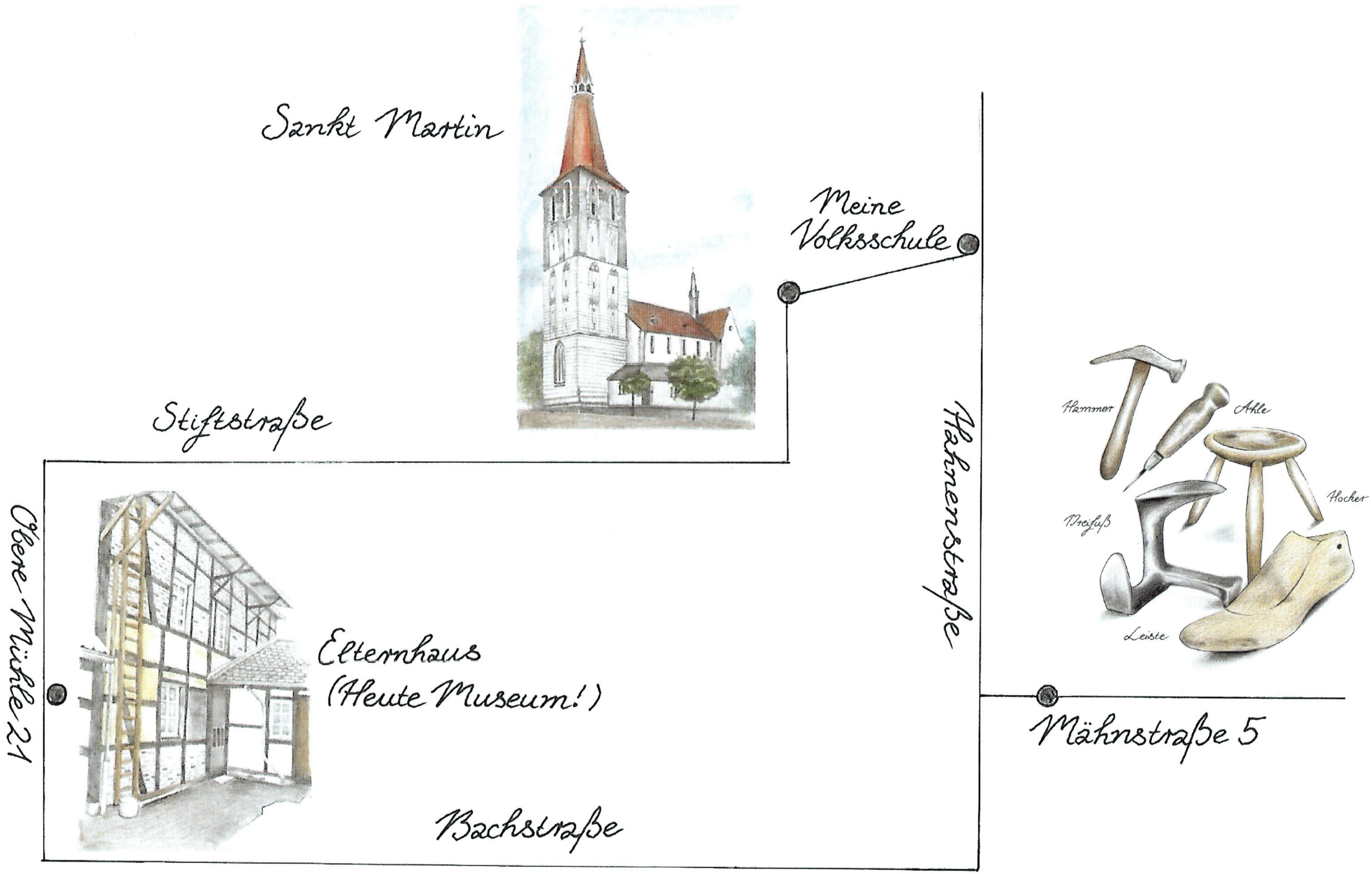

Meine Wege in Kerpen!

Nach drei Jahren habe ich ausgelernt und bin 16 Jahre alt.
Ich bin jetzt Schuster-Geselle.
(Geselle ist ein Handwerker, der die Abschlussprüfung der Lehrzeit bestanden hat.)

Ich gehe auf Wanderschaft.
Dies ist von der Zunft (Schustergemeinschaft) vorgeschrieben.
Dabei lerne ich bei verschiedenen Meistern dazu,
um gute und passende Schuhe herzustellen.

Ich arbeite in Sindorf, Düren, Lechenich und Köln.

Auf meiner letzten Stelle in Köln
bietet mir der Schuhmacher-Meister Heinrich Beck
in der Glockengasse seine Werkstatt an.
Dafür sollte ich seine Tochter heiraten.

Ich habe jedoch einen anderen Plan.

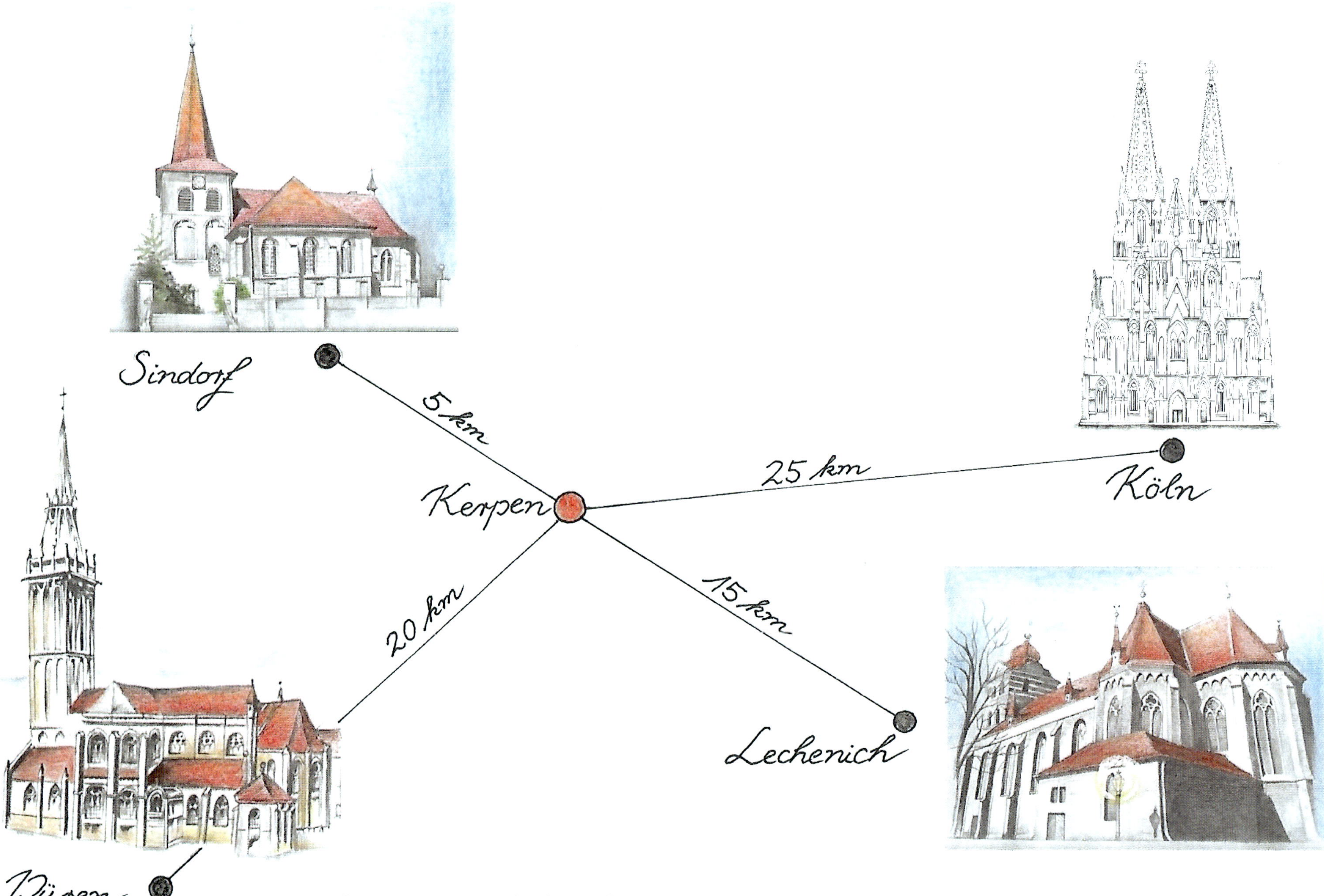

In diesen Orten habe ich als Schustergeselle gearbeitet!

Wie ich, sind viele Schuhmacher-Gesellen mit diesem Leben nicht zufrieden.

Warum?

Wir müssen von Montag bis Samstag von früh bis spät arbeiten und haben keine Freizeit.
Unsere Schlafkammer ist meistens unterm Dach.
Sie ist dunkel, heiß im Sommer, kalt im Winter!
Weil wir abends müde sind, wissen wir nicht, was wir anfangen sollen.
Also gehen wir ins Wirtshaus, wo auch andere Menschen sitzen und trinken Alkohol.

Auf den Sonntagsgottesdienst haben die meisten Gesellen keine Lust.

Ich spüre in meinem Herzen, dass ich nicht beim Schuhmacher-Beruf bleiben werde.

So ähnlich waren unsere Schlafstellen unterm Dach.

Als ich 19 Jahre alt bin, stirbt meine Mutter.
Sie ist erst 60 Jahre alt.

Ich weine und bin sehr traurig.

Später war mir wichtig aufzuschreiben, was ich für meine Mutter empfunden habe.

„Danke,
weil Dein Herz das meine weich und warm gehalten hat,
wo es ohne Dich kalt und hart geworden wäre
zwischen der Selbstsucht fremder Menschen.“

Ludwig-Maximilian-Universität
München

Friedrich-Willhelm-Universität
Bonn

In diesen Unis
studiere ich!

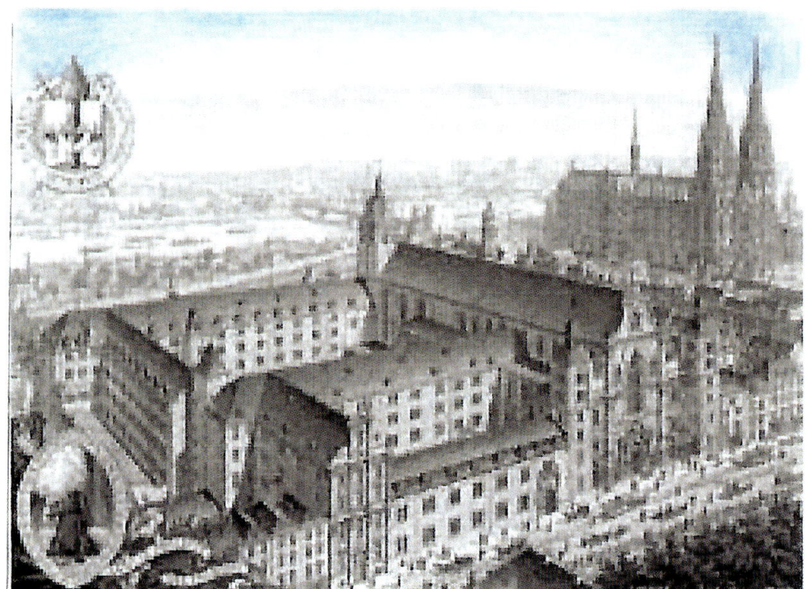

Priesterseminar
im ehemaligen
Jesuitenkloster
Köln

Ich kann es selbst kaum fassen. Mein größter Traum wird wahr.

Ich bin 32 Jahre alt
und werde
in der Minoritenkirche zum Priester geweiht.

Auf dem Weg zur Kirche sagt mir mein Bruder Wilhelm,
dass unser Vater gestern Abend gestorben ist.
Ich kann es noch gar nicht fassen,
denn mein Vater stand mir immer zur Seite.
Danke guter Gott, dass Du mir diesen Vater gabst.

Später habe ich in Erinnerung daran geschrieben:

„Wenn der Vater stirbt, wird der Sohn zum Mann.“

So habe ich es empfunden.

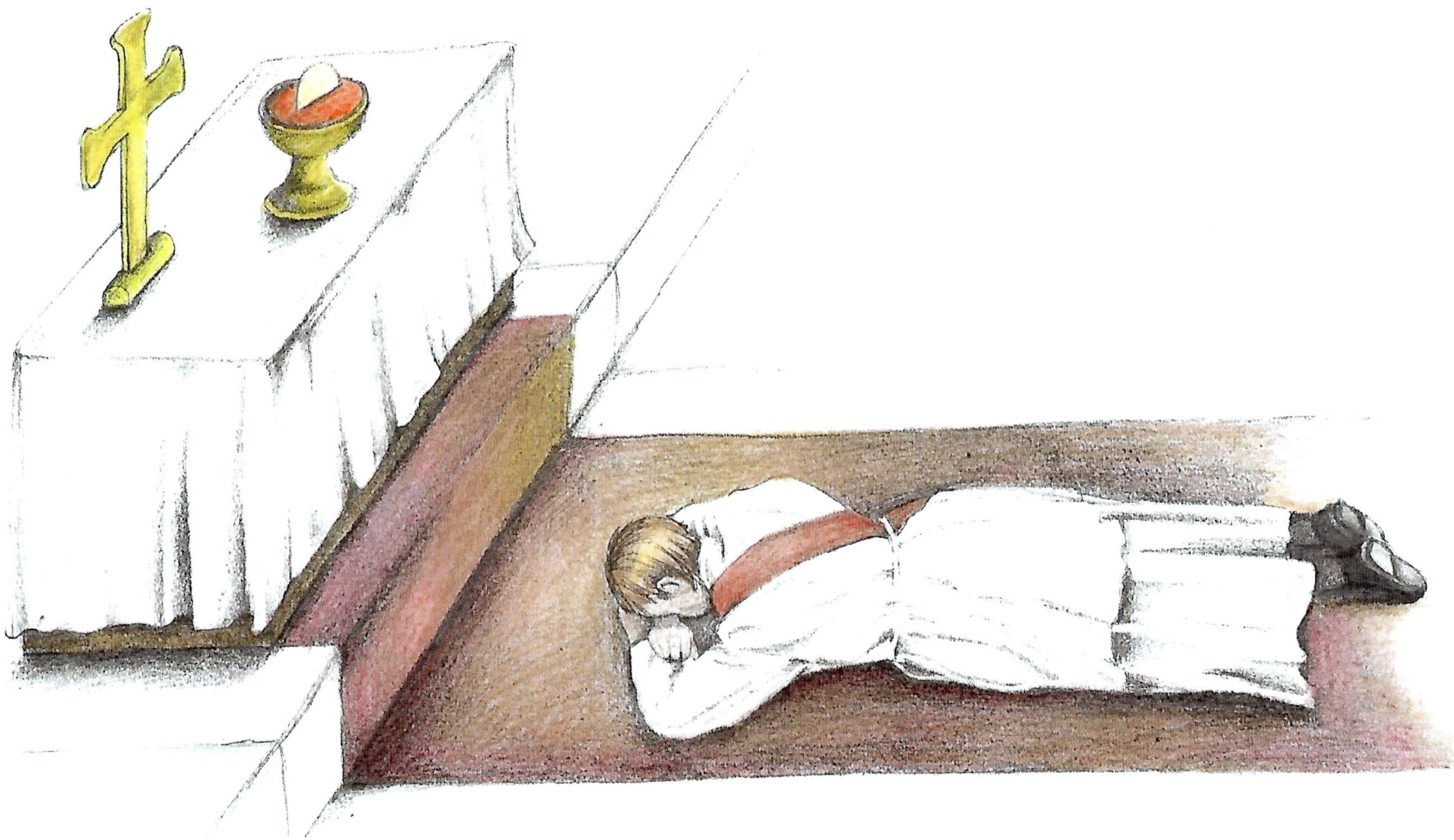

Gott, ich bin bereit!

Ich feiere meine Primiz, meine erste Heilige Eucharistie, einen Tag nach der Priesterweihe.

(**Eucharistiefeier** – mit den Worten des Priesters, die Jesus beim letzten Abendmahl sprach, wird Brot zu **Leib Christi** und Wein zu **Blut Christi!)**

Ich wähle dazu meine Heimatkirche St. Martin in Kerpen.

In dieser Kirche wurde ich getauft
Und hier empfing ich die erste Heilige Kommunion.

Erste Eucharistiefeier
in der Heimatkirche!

Über diesem Taufbecken
wurde ich getauft!

Nun bin ich in Elberfeld Kaplan.

So nennt man einen jungen Priester.

Meine Kirche, in der ich als Kaplan Gottesdienst feiere, heißt St. Laurentius.
An der Real- und Gewerbeschule erzähle ich den Schülern von Gott.

In dieser Real- und Gewerbeschule
In Elberfeld unterrichte ich.

In Sankt Laurentius
feiere ich die Gottesdienste.

In Elberfeld lerne ich den Lehrer Johann Gregor Breuer kennen.
Das ist ein großes Glück.
Durch diesen Lehrer gibt es bereits den „Elberfelder Gesellenverein".
Er weiß, dass die Gesellen Hilfe brauchen.
Er unterstützt sie im Beruf, im religiösen Leben und fördert die frohe Gemeinschaft.
Die jungen Handwerker treffen sich nahe der Laurentiuskirche.

Die jungen Leute wählen mich zu ihrem Vorsteher,
das heißt zu ihrem „Präses".
Es fällt mir anfangs nicht leicht, mich um die Gesellen zu kümmern.
Ich hatte anderes im Sinn.
Die jungen Handwerker spüren, dass ich ein Herz habe, das sie versteht.
Als Priester und ehemaliger Handwerker helfe ich den jungen Handwerkern.
Sie wissen, dass ich selbst ein Handwerker war und sie vertrauen mir.

Diesen Gesellen zu helfen
- so gut ich nur kann -
ist von nun an meine wichtigste Aufgabe in meinem Leben.

Der Lehrer Johann Gregor Breuer und ich.

Dazu ist es wichtig gewesen, dass ich als Priester nach Köln gekommen bin.
Hier kann ich nun stellvertretend für den Bischof für die Handwerker sorgen.

Die Treffen der Gesellen finden zunächst in der Kolumbaschule statt.

**Dort gründe ich mit 50 Gesellen am 6. Mai 1849
den ersten Gesellenverein in Köln.**

**Vier Jahre später
haben meine Gesellen und ich mit großer Freude
das erste Gesellenhaus.**

Meine wichtigen Wege in Köln!

Ich arbeite fleißig.

Ich will nämlich, dass auch andere Leute
sich für ein tüchtiges Leben der Handwerker einsetzen.
Darum schreibe ich auch darüber.

Ich schreibe, schreibe, schreibe.

Wenn man sich für andere Menschen einsetzt,
darf einem keine Arbeit zu viel sein.

Darum sage ich:

**„Wer Menschen gewinnen will,
muss sein Herz zum Pfand einsetzen."**

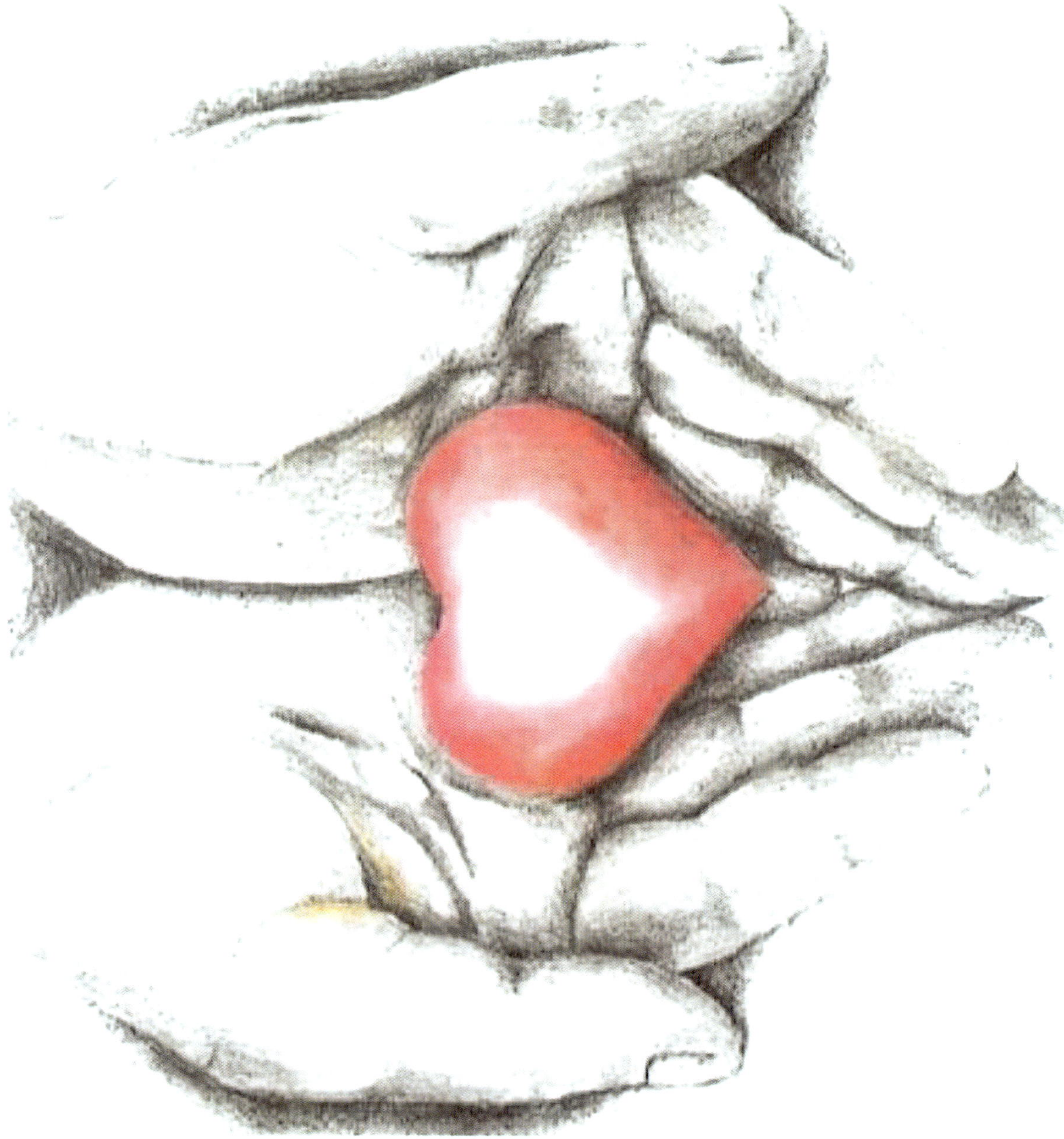

Ich setzte mein Herz zum Pfand ein.

Ich kann es kaum glauben.

Sechs Jahre nach der Gründung des ersten Gesellenvereins in Köln zählt man 104 Gesellenvereine.

Fünfzehn Jahre später sind es 418 Gesellenvereine mit 24 600 Mitgliedern.

Ich bin ständig am Schreiben und reise zu neugegründeten Gesellenvereinen.

Papst Pius IX.

Papst Pius IX.
(Pius der Neunte)
schenkt mir dieses Messgewand.

Ich bin während meines gesamten Lebens nicht sehr gesund.
Ich spüre, dass das Ende meines Lebens naht.

**Am 4. Dezember 1865, nachmittags um zwei Uhr,
ruft mich Gott zu sich.**

Ich hatte ein erfülltes Leben
und durfte 52 Jahre alt werden!

Du kannst mein Grab in der Minoritenkirche besuchen.

Wenn du Mitglied einer Kolpingsfamilie bist,
dann versuche
in Erinnerung an mich ein „**Leben mit Herz**“ zu führen,
wie ich es vorgelebt habe.

Ein Herz 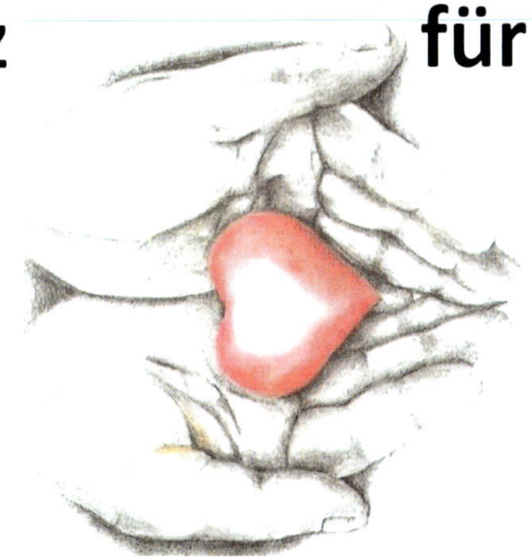 **für Gott**

Familie

Schule/Beruf

Andere

Freizeit

Ein Herz ... ?

Zu den Eltern sagte ich:

„ Ohne Freude, ohne Erheiterung

kann das Menschenherz nicht sein,

am wenigsten in der Jugend.“

Euer Adolph Kolping.

Später fanden auch Familienväter aller Berufe, Familienmütter, Jugendliche und Kinder die Ideen über Gott, Familie, Schule, Beruf und Freizeit gut.
So entstanden aus den „Gesellenvereinen“ unsere „Kolpingsfamilien“.

Im Himmel kann sich Adolph Kolping freuen:

2 700 Kolpingsfamilien
mit 275 000 Mitgliedern gibt es **in Deutschland.**

5 800 Kolpingsfamilien
mit über 450 000 Mitgliedern
gibt es **in 60 Ländern**
auf der ganzen Welt.

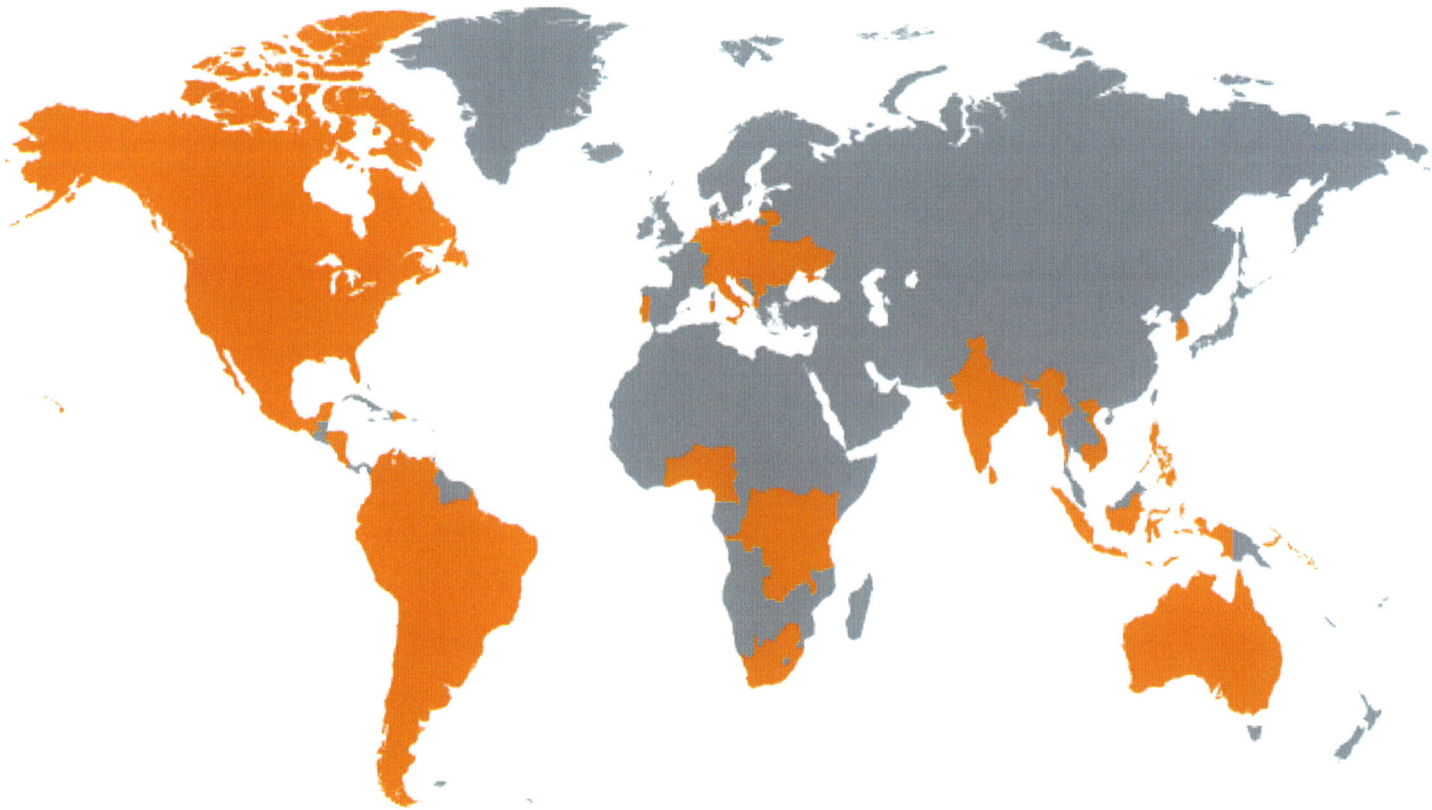

In orange eingefärbten 60 Ländern leben Kolpingsfamilien!

Papst Johannes Paul II. sagt nach langer Prüfung allen Kolpingmitgliedern in Rom 1991, dass Adolph Kolping bei Gott wohne. Er wird selig gesprochen.

Wenn man ihn braucht, dann kann er im Gebet angerufen werden.
Er wird dann Gott Deine Bitte vortragen.

Nachwort: Als Christ ist es gut, wenn du weißt, was die Farben manchmal ausdrücken wollen. Man nennt sie dann Farbsymbole. Ein Symbol bezeichnet immer zweierlei. Einmal bezeichnet es das Sichtbare und dann das Unsichtbare.

weiß	Reinheit
blau	Vertrauen, Glaube
grün	Hoffnung
rot	Liebe
golden	Licht Gottes
orange	Lebensfreude
schwarz	Lebensernst, Trauer
violett	Buße
braun	Erdverbundenheit

Das Kolpingzeichen weist mit seinen Farben auf Lebensfreude und Lebensernst hin.

Auf diese Quellen stützt sich das Buch:

- Fotos aus dem Kolpingarchiv Köln
- Hanke, Michael: Gelebtes Christentum – Gedanken Adolph Kolpings, Köln 1981
- Schäffer, Sebastian Georg: Adolph Kolping. Sein Leben und sein Werk, umgearbeitet und ergänzt von Johannes Dahl, Köln 1947
- Kolpingstadt Kerpen/Heimatfreunde Stadt Kerpen e.V.(Hrsg.): Kolping kommt aus Kerpen – 1813-2013. Eine Geschichte mit Zukunft, Kerpen 2013
- Grün, Anselm/Münch, Eberhard: Glaubenszeichen – Farben und Symbole der Christen, Hünfelden 2009
- Wikipedia: Farbsymbolik, https://de.wikipedia.org/wiki/Farbsymbolik, 1. 9.2017

Wenn du Mitglied einer Kolpingsfamilie bist,
dann versuche
in Erinnerung an mich ein „**Leben mit Herz**“ zu führen,
wie ich es vorgelebt habe.

Ein Herz

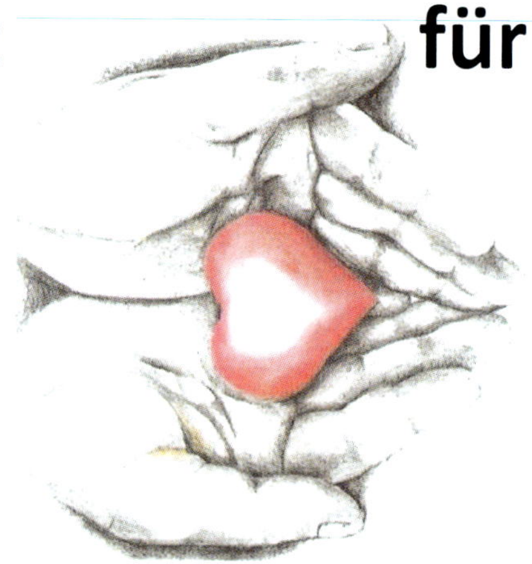

für Gott
Familie
Schule/Beruf
Andere
Freizeit